Inhalt

Branchenreport AUTOMOBIL Ausgabe 2/2010

Kernthesen

Beitrag

Zahlen und Fakten

Weiterführende Literatur

Impressum

Branchenreport AUTOMOBIL Ausgabe 2/2010

J.Kessler

Kernthesen

- Die deutsche Automobilwirtschaft befindet sich wieder im Aufwind.
- Wachstumsmotor ist die starke Konjunktur in den Schwellenländern.
- Selbst bei den Nutzfahrzeugen ist der Aufschwung inzwischen angekommen.
- Bosch hat seinen Status als weltgrößter Zulieferer eingebüßt.
- Die Zukunftstechnik der Automobilindustrie ist der Elektromotor.

Beitrag

Die Branchenkonjunktur

Die deutsche Automobilindustrie profitiert derzeit vor allem von der starken Auslandsnachfrage. Im Gesamtjahr 2010 wird der Export voraussichtlich um 21 Prozent auf 4,15 Millionen Fahrzeuge zulegen, die Inlandsproduktion dürfte um zehn Prozent auf 5,45 Millionen Einheiten steigen. Dagegen wird der Absatz auf dem deutschen Markt um 22 Prozent auf 2,95 Millionen Fahrzeuge zurückgehen. Verantwortlich dafür ist die Abwrackprämie aus dem Jahr 2009, die zu starken Vorzieheffekten geführt hatte. Im deutschen Automobilbau sind 710 000 Menschen beschäftigt. Jeder siebte Arbeitsplatz in Deutschland hängt am Automobil. (1), [Abb. 1]

Die Automobilhersteller in Deutschland

Die größten in Deutschland produzierenden Automobilunternehmen sind Volkswagen (VW), Audi, Daimler, BMW, Ford, Porsche und Opel. Größter Autobauer in Deutschland und Europa ist Volkswagen. In den kommenden Jahren wollen die Wolfsburger Toyota als Weltmarktführer ablösen. Dank des Autobooms in China hat VW in den ersten neun Monaten 2010 vor Steuern und Zinsen 4,8

Milliarden Euro verdient. Das ist gut dreimal so viel wie im Vorjahr. Zugleich stieg der Absatz um 13 Prozent auf 5,4 Millionen Autos - ein neuer Rekordwert. (14)

Im Premium-Segment ist VW mit den Marken Audi und Porsche vertreten. Derzeit erweist sich Audi als das Zugpferd des Konzerns. Mit einem operativen Gewinn von 2,3 Milliarden Euro steuerten die Ingolstädter in den ersten neun Monaten 2010 fast die Hälfte zum Konzerngewinn bei. Seit Januar hat Audi rund 917 000 Autos abgesetzt, gut 16 Prozent mehr als im Vorjahr. Bis zum Jahresende sollen es mehr als eine Million Fahrzeuge sein. Audi würde damit erneut Rekordwerte beim Absatz erzielen. (11), (14)

Der Sportwagenbauer Porsche wird derzeit in den VW-Konzern integriert. Vergangenes Jahr haben die Zuffenhausener den Machtkampf mit VW verloren. Porsche saß auf einem Schuldenberg von rund zwölf Milliarden Euro. Um einen Zusammenbruch zu vermeiden, musste Porsche bei VW unterschlüpfen. Den Wolfsburgern gehört inzwischen die Hälfte des Sportwagengeschäfts von Porsche. Anfang November hat VW die Porsche Holding Salzburg gekauft. Damit wurde die Verschmelzung weiter vorangetrieben. (16)

Insgesamt befinden sich die deutschen Premium-Hersteller nach dem schwierigen Jahr 2009 wieder im

Aufwind. Ähnlich wie Audi profitieren auch BMW und Daimler von der starken Nachfrage in den Schwellenländern. Bei BMW stieg der Absatz in den ersten neun Monaten um fast 13 Prozent auf 1,19 Millionen Autos. Im Gesamtjahr soll der Absatz bei mehr als 1,4 Millionen liegen. Bei Daimler legte die Kernmarke Mercedes-Benz um zwölf Prozent auf mehr als eine Million Fahrzeuge zu. Die operative Rendite lag bei Mercedes bei 8,9 Prozent, bei Audi waren es 8,7 Prozent. (11), [Abb.2]

Bei dem Massenhersteller Opel war die Zukunft wegen der vorübergehenden Insolvenz der Mutter General Motors (GM) lange ungewiss. Zunächst sollten die Rüsselsheimer verkauft werden, letztlich blieben sie aber unter dem Dach von GM. In Europa haben Opel und die britische Schwester Vauxhall in den ersten neun Monaten 2010 einen Betriebsverlust von 872 Millionen Euro eingefahren. Verantwortlich dafür ist das stockende Geschäft in Deutschland. Bei einem Marktanteil von 7,1 Prozent rangieren die Rüsselsheimer in Deutschland nur noch auf Platz sechs, hinter VW, Mercedes, BMW, Ford und Audi. Mittelfristig will Opel den Marktanteil wieder auf neun Prozent steigern. (10)

Der gegenwärtige Aufschwung der deutschen Automobilindustrie ist allein auf die Erholung der Exportmärkte zurückzuführen. Besonders die Schwellenländer in Asien, aber auch Russland und die USA treiben das Geschäft an. In China verbuchten die hiesigen Hersteller in den ersten acht Monaten 2010 ein Verkaufsplus von 53 Prozent auf 1,3 Millionen Fahrzeuge. Für VW ist China inzwischen der größte Absatzmarkt überhaupt. Auch in Russland verzeichnen die deutschen Hersteller gute Geschäfte: Mercedes-Benz legte seit Jahresbeginn um 55 Prozent zu, BMW um 26,2 Prozent und Audi kam wie VW auf einen Zuwachs von knapp 24 Prozent. In diesem Jahr werden die deutschen Autokonzerne erstmals mehr Pkw in ihren ausländischen Werken produzieren als im Inland. (6), (9), (12)

Die Nutzfahrzeughersteller

Das Nutzfahrzeuggeschäft hat besonders stark unter der Wirtschafts- und Finanzkrise gelitten. Nun erholt sich die Konjunktur wieder, vor allem dank der anziehenden Auslandsnachfrage. Für das Gesamtjahr rechnet der Branchenverband VDA bei den Leicht-Lkw mit einem Anstieg der Inlandsproduktion um ein Drittel auf 231 000. Bei schweren Lkw sollte die Produktion um 43 Prozent auf rund 100 000 Einheiten zulegen. Trotz dieser starken Erholung liegen die Zahlen immer noch um etwa 40 Prozent unter den Rekordwerten von 2008. (2)

Dies Entwicklung lässt sich auch bei MAN ablesen.

Der Nutzfahrzeughersteller hat seine Umsatz- und Gewinnprognose erneut angehoben. Das operative Ergebnis verdoppelte sich in den ersten neun Monaten auf 728 Millionen Euro. Die Umsatzrendite lag in dieser Zeit bei 6,9 Prozent. Bislang wurden sechs Prozent als Ziel genannt. Über den Konjunkturzyklus werden 8,5 Prozent im Konzern angestrebt. (15)

Die Automobilzulieferer

Die Erholung der Automobilindustrie treibt auch das Geschäft der Zulieferer an. Bereits im laufenden Jahr sollen die weltweit 100 größten Unternehmen der Branche wieder das Umsatzniveau von 2008 überschreiten. Deutsche Zulieferer profitieren sogar überproportional vom Aufschwung, da sie vor allem Premium-Marken beliefern. Trotz der Erholung mussten mit Honsel und Saargummi zuletzt zwei weitere Zulieferer Insolvenz anmelden. (6), (17)

Lange Zeit war die Robert Bosch GmbH der weltweit umsatzstärkste Zulieferer. In diesem Jahr zog aber der japanische Denso-Konzern, der den weltgrößten Autokonzern Toyota beliefert, an dem deutschen Konkurrenten vorbei. Bosch selbst erwartet für dieses Jahr in der Autosparte einen Umsatzzuwachs von 25 Prozent auf mehr als 27 Milliarden Euro. (17)

Auch der zweitgrößte deutsche Zulieferer Continental hat zuletzt gut verdient und deswegen erneut die Prognose angehoben. Der Umsatz soll in diesem Jahr bei 25 Milliarden Euro liegen, die bereinigte operative Gewinnmarge wird dann neun Prozent betragen. Durch die Übernahme des Konkurrenten VDO lastet ein hoher Schuldenberg auf Continental, der binnen Jahresfrist von 9,5 Milliarden auf 8,1 Milliarden Euro abgetragen werden konnte. (8), [Abb.3]

Die internationale Automobilindustrie

Nachdem im Krisenjahr 2009 weltweit nur 57 Millionen Autos produziert wurden, werden es in diesem Jahr voraussichtlich 69 Millionen sein. Die Zuwächse kommen vor allem aus Asien und Russland. Aber auch in den USA steigen die Verkaufszahlen. Dagegen bleibt in Westeuropa die Pkw-Nachfrage hinter dem Vorjahr zurück. 2010 werden voraussichtlich 13,9 Millionen Pkw in Europa hergestellt, vier Prozent weniger als im Vorjahr. Grund dafür ist die Abwrackprämie, die im vergangenen Jahr den Absatz in vielen Ländern künstlich aufgebläht hat. Allerdings zeigt sich auf dem Kontinent ein zweigeteiltes Bild: Während die Autofahrernationen Deutschland, Frankreich und

Italien bei den Neuzulassungen deutlich im Minus sind, verbuchen kleinere Staaten ein Plus. (1), (7), [Abb.4]

Der russische Automarkt war vor zwei Jahren drauf und dran größter Automarkt Europas zu werden. Doch mit der Krise kam der jähe Einbruch. Seit März gibt es auch in Russland eine Abwrackprämie, diese hat den Markt wiederbelebt. In den ersten neun Monaten 2010 stieg der Absatz um 18,4 Prozent auf 1,32 Millionen Pkw. (12)

In den USA erholt sich die Automobilkonjunktur wieder, nachdem 2009 nur 10,4 Millionen Fahrzeuge abgesetzt wurden. Das war das niedrigste Niveau seit den achtziger Jahren. Die drei großen US-Autobauer General Motors (GM), Ford und Chrysler konnten zuletzt wieder deutlich mehr Fahrzeuge verkaufen. Insbesondere der vormals weltgrößte Autobauer GM befindet sich auf dem Weg der Gesundung. Im dritten Quartal 2010 lag der Gewinn zwischen 1,9 Milliarden und 2,1 Milliarden Dollar, der Gang zurück an die Börse ist geglückt. (4), (5)

Auch die japanischen Hersteller Toyota, Nissan, Honda und Suzuki haben in der ersten Hälfte des Geschäftsjahres 2010/11, das am 30 September endete, sehr gut verdient. Allerdings erwarten sie für das zweite Halbjahr einen spürbaren Gewinnrückgang. Ein Grund ist der feste Yen, der die Exporte verteuert.

Zudem sind die Kaufanreize in Japan Anfang September ausgelaufen. (3)

Trends

China und Elektromobilität

Welche Trends derzeit die Automobilbranche prägen, hat der diesjährige Pariser Autosalon gezeigt. Dort standen die Themen China und Elektromobilität im Mittelpunkt. China gilt als der Zukunftsmarkt der Autoindustrie. Deswegen will der französische Hersteller PSA das Reich der Mitte zum größten Absatzmarkt des Konzerns machen, dies haben Volkswagen und für einige Monate auch GM schon erreicht.
Als Technik der Zukunft gilt indes der Elektroantrieb. Dies könnte ein Problem für die deutschen Hersteller werden, denn diese punkten vor allem mit einer hohen technischen Qualität. Die Variationsmöglichkeiten eines Elektromotors sind jedoch begrenzt. Renault und General Motors sehen in der Konzentration auf das Elektroauto die Chance. Auch China treibt die Elektromobilität mit hohen Subventionen voran. (6)

Zahlen & Fakten

Abbildung 1: Kraftfahrzeugmarkt 1950 - 2010

Jahr	Kfz (insgesamt)	Pkw	Lkw	Neuzulassungen (Kfz)	Besitzumschreib
1950	1.774	475	335	513	337
1960	7.054	3.954	594	1.212	1.493
1970	14.811	12.280	897	2.347	3.492
1980	23.929	20.428	1.114	2.791	5.511
1990	31.547	27.028	1.211	3.387	7.034
2000	45.238	37.734	2.204	3.972	8.363
2005	48.112	39.968	2.243	3.832	7.454
2009	49.603	41.321	2.347	4.241	6.887
2010	50.184	41.738	2.385	k.A.	k.A.

Angaben in Tausend Quelle: Gesamtverband der Deutschen Versicherungswirtschaft (GDV), Kraftfahrt-Bundesamt Entnommen aus: FAKT Markt- und Wirtschaftsinformationen (20)

Abbildung 2: Deutsche Premium-Hersteller

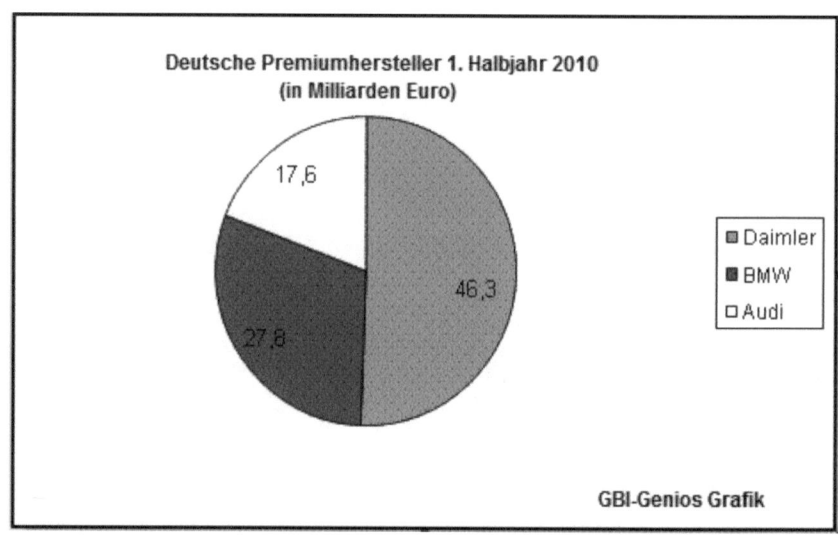

Quelle: Automobilwoche, Angaben der Hersteller
Entnommen aus: FAKT Markt- und Wirtschaftsinformationen (21)

Abbildung 3: Deutsche Zulieferer

Unternehmen	Umsatz 2009 in Milliarden Euro
Bosch	21,7
Continental	19
ThyssenKrupp	8,1
ZF Getriebe	8,1
BASF	5
Schaeffler	4,4

Quelle: VDA,DC Advisory, Automobil Produktion, F.A.Z.-Archiv Entnommen aus: FAKT Markt- und Wirtschaftsinformationen (22)

Abbildung 4: Weltweit größte Autokonzerne

Konzern	Umsatz 2009 in Milliarden Euro
Toyota	204
General Motors	149
Volkswagen	147
Ford	118
Daimler	111
Honda	93
Nissan	81
Porsche	78
Hyundai	72
BMW	71
Fiat	70
Peugeot	68

Quelle: Bloomberg, FAZ-Archiv Entnommen aus: FAKT Markt- und Wirtschaftsinformationen (23)

Weiterführende Literatur

(1) Pkw-Markt: Wachstumsländer sorgen für Absatzplus Wegen einer steigenden Auslandsnachfrage können sich die deutschen Automobilhersteller über ein Absatzplus freuen. Der europäische Markt hält dagegen nicht mit dem Wachstum mit.
aus MOTOR-INFORMATIONS-DIENST vom 02.November 2010

(2) Nachfrage nach Nutzfahrzeugen steigt weiter - Den deutschen Herstellern macht vor allem das Exportgeschäft Freude. Laut VDA erhöhten sich die Ausfuhren im Oktober um 35 Prozent auf 23.090 Fahrzeuge. Die Neuzulassungen im Inland legten um ein gutes Fünftel zu.
aus AUTOHAUS Online vom 05.11.2010

(3) Japans Autohersteller sorgen sich
aus Finanz und Wirtschaft vom 06.11.2010, Seite 39

(4) US-Hersteller bringen mehr Autos unters Volk - Die drei großen US-Autobauer sind im Oktober teils deutlich mehr Fahrzeuge in der Heimat losgeworden als im Vormonat des Krisenjahres 2009. Die Amerikaner greifen immer noch zu Wagen aus heimischer Produktion.
aus AUTOHAUS Online vom 04.11.2010

(5) GM erwirtschaftet Milliardengewinn - Der größte US-Autobauer scheint eine Glückssträhne zu haben: Die Verkäufe brummen, die Gewinne sprudeln, der Börsengang steht kurz bevor. Im dritten Quartal verdiente der Konzern 1,9 bis 2,1 Milliarden Dollar.
aus AUTOHAUS Online vom 04.11.2010

(6) Investoren scheitern an Autozulieferern Nach Honsel meldet auch Saargummi Insolvenz an // Eigner schiebt Schuld den Kunden zu
aus Financial Times Deutschland vom 08.11.2010, Seite 3

(7) VDA: Globale Pkw-Nachfrage weiter auf Erholungskurs
aus Financial Times Deutschland vom 08.11.2010, Seite 3

(8) Continental profitiert vom Boom der Autoindustrie in Asien
aus Handelsblatt Nr. 214 vom 04.11.2010 Seite 25

(9) China zieht Autoindustrie aus der Krise
aus Süddeutsche Zeitung, 02.11.2010, Ausgabe München, Bayern, Deutschland, S. 23

(10) Opel hofft auf ein starkes Jahresende // Vertriebschef: Ausgeglichenes Ergebnis ist möglich
aus Der Tagesspiegel Nr. 20795 VOM 11.11.2010 SEITE 017

(11) Alle wollen Autos von BMW, Audi und

Mercedes-Benz
aus DIE WELT, 10.11.2010, Nr. 263, S. 11

(12) Russischer Automarkt zieht wieder an - Die staatlichen Förderprogramme zeigen Wirkung: In den ersten neun Monaten dieses Jahres wurden rund 1,32 Millionen neue Pkw und leichte Nutzfahrzeuge zugelassen – ein Plus von über 18 Prozent.
aus AUTOHAUS Online vom 12.10.2010

(13) Chinesen helfen Volkswagen
aus Süddeutsche Zeitung, 28.10.2010, Ausgabe München, Bayern, Deutschland, S. 25

(14) Audi stellt die Marke VW in den Schatten
aus Frankfurter Allgemeine Zeitung, 28.10.2010, Nr. 251, S. 14

(15) MAN demonstriert Zuversicht für den Lkw-Markt Erlösplus von mehr als 20 Prozent anvisiert - Höhere Umsatzrendite - Pachta-Reyhofen: Schnellere Erholung, die auch 2011 trägt
aus Börsen-Zeitung, 29.10.2010, Nummer 209, Seite 9

(16) VW treibt Fusion mit Porsche voran Kauf der Salzburger Handelsholding beginnt // Milliarden für Familien Porsche und Piëch
aus Financial Times Deutschland vom 11.11.2010, Seite 3

(17) Profite der Autozulieferer sprudeln
aus Handelsblatt Nr. 202 vom 19.10.2010 Seite 22

(18) Glänzende Aussichten für deutsche Autozulieferer
aus WirtschaftsWoche online vom 20101016, 05:00:00

(19) Paris unter Strom
aus Börsen-Zeitung, 01.10.2010, Nummer 189, Seite 8

(20) D: Kraftfahrzeugbestand 1950-2010
aus Gesamtverb. der Deutschen Versicherungswirtschaft, Statistisches Taschenbuch 2010, S. 87

(21) International: Geschäftszahlen der großen Pkw-Hersteller 2010
aus Automobilwoche, 17/2010, S. 18

(22) Markt für Automobilzulieferer 1999-2009
aus Automobilwoche, 17/2010, S. 18

(23) International: Top größte Autokonzerne 2009
aus Automobilwoche, 17/2010, S. 18

Impressum

Branchenreport AUTOMOBIL Ausgabe 2/2010

Bibliografische Information der deutschen Nationalbibliothek

Die Deutsche Nationalbibliothek verzeichnet diese Publikation in der deutschen Nationalbibliografie; detaillierte bibliografische Daten sind im Internet über http://dnb.d-nb.de abrufbar.

ISBN: 978-3-7379-1846-6

© 2015 GBI-Genios Deutsche Wirtschaftsdatenbank GmbH, Freischützstraße 96, 81927 München, www.genios.de

Alle Rechte vorbehalten. Dieses Werk ist einschließlich aller seiner Teile – z.B. Texte, Tabellen und Grafiken - urheberrechtlich geschützt. Jede Verwertung außerhalb der Grenzen des Urheberrechtsgesetzes bedarf der vorherigen Zustimmung des Verlags. Dies gilt insbesondere auch für auszugsweise Nachdrucke, fotomechanische Vervielfältigungen (Fotokopie/Mikroskopie), Übersetzungen, Auswertungen durch Datenbanken oder ähnliche Einrichtungen und die Einspeicherung und Verarbeitung in elektronischen Systemen.